D1695001

Andreas Beschorner/Siegfried Martin

Freising

Verlag Karl Stutz

Die Bildunterschriften wurden übersetzt von:

    Josh Amrhein (Englisch)
    Carmen Hiering-Jimenez (Französisch)
    Chiara Spotti (Italienisch)

Erste Auflage 2004
Alle Rechte Vorbehalten
© 2004 Verlag Karl Stutz, Passau

ISBN 3-88849-112-6

Printed in the Czech Republic

Freisings Geschichte im Überblick

Freisings Wurzeln liegen im Dunkeln der Archäologie. Das ist nichts Besonderes. Funde bezeugen die Besiedelung des Domberges schon in der Bronzezeit. Und auch das ist nichts Besonderes. Etwas Besonderes wird Freising erst, als zu Beginn des 8. Jahrhunderts der Agilolfen-Herzog Theodo den fränkischen Wanderherzog Korbinian in seine Pfalz lockt. Korbininan (und sein Bär, das spätere Wappentier Freisings) ist der Gründungsheilige des Bistums, das freilich erst im Jahre 739 offiziell von Bonifatius als Bistum und Bischofssitz eingerichtet wurde.

Während auf dem Domberg schon die zweite Marienkirche steht (die dritte, noch heute bestehende Kathedrale stammt aus dem 12. Jahrhundert), tut sich zu Füßen des Domberges einiges. Kaiser Otto III. verlieh 996 an Bischof Gottschalk das Marktrecht – Basis für die Entwicklung Freisings auch zur Bürgerstadt. Trotzdem: Freising bleibt immer eine vom Domberg geprägte und dominierte „geistliche Stadt". Im Jahre 1021 wird das 830 errichtete Kollegiatsstift Weihenstephan in ein Benediktinerkloster umgewandelt. Dort soll die älteste Brauerei der Welt ihre Heimat haben, auch wenn die entsprechende Urkunde sich als Fälschung erwiesen hat. Unter den großen Gestalten, die im Mittelalter auf dem Domberg, dem „Mons doctus", wirken, nimmt Otto von Freising (1138-1158) eine besondere Stellung ein, war er doch berühmter Geschichtsschreiber, Enkel Kaiser Heinrichs IV. und Onkel von Friedrich Barbarossa.

Lange Zeit war Freising der wichtigste Ort im bayerischen Voralpenraum, bis jener bayerische Herzog Heinrich der Löwe daherkam und die Zollbrücke bei Föhring abreißen ließ. Die Handelswege wurden nach Süden verlegt, dem Freisinger Fürstbischof fehlten in der Folge wichtige Einnahme, München läuft der altehrwürdigen Domstadt den Rang ab. Egal: 1359 verleiht Bischof Albert Freising das Stadtrecht. Im 17. und 18. Jahrhundert unterliegt Freising manchen Besetzungen: 1633 brandschatzen die Mannen von König Gustav Adolf die bischöfliche Residenz und die Stadt, 1796 wird Freising erstmals von den Franzosen besetzt – Vorläufer jenes Ereignisses, das wie wohl kein anderes die Geschicke des Fürstbistums geändert hat: die Säkularisation, das heißt die Aufhebung des Fürstbistums und seine Eingliederung in das weltliche Bayern im Jahre 1803. Die Klöster werden aufgehoben, Kirchen abgerissen, zugleich beginnt Freisings Geschichte als Garnisonsstadt. Erhalten blieb neben dem Dom mit seiner von den Gebrüdern Asam 1724 ausgestalteten Innenschale und die Klosterkirche Neustift, ein Juwel bayerischer Rokoko-Kunst. Auf dem Weihenstephaner Berg tritt die kurfürstliche Musterlandwirtschaftsschule die Nachfolge des Benediktinerklosters an und darf somit mit Fug und Recht als Keimzelle des heutigen Hochschulzentrums angesehen werden.

Im Verlauf des 19. Jahrhunderts wird Freising nicht nur kreisfreie Stadt (1862), sondern setzt auch eine Industrialisierung ein. Bis zur Gebietsreform 1972, als Freising große Kreisstadt wird, dauert die Selbstständigkeit. Den letzten Schub einer Entwicklung, die nicht nur immer positive Konsequenzen hat, löste 1992 die Eröffnung des Großflughafens „Franz Josef Strauß" im Erdinger Moos aus.

Heute ist Freising sowohl in baulicher als auch in geistiger Hinsicht noch immer wesentlich geprägt von seiner fürstbischöflichen Vergangenheit, ist nach wie vor Schulstadt, Bierstadt und auch Rosenstadt, zugleich aber auch moderne Universitätsstadt.

Freising, die Stadt mit dem Domberg

Die Freisinger wollten schon immer hoch hinaus. Was lag also näher, als sich auf einem Hügel anzusiedeln. Eine folgenschwere Entscheidung, die die Agilolfer-Herzöge da trafen. Denn vielleicht hätte sich jener Heilige Korbinian, der erste Bischof des künftigen Bistums München und Freising, gar nicht hier auf der Burg des Grimoald niedergelassen, wäre dann auch 724 gar nicht hier gestorben und hätte gar nicht jene geistige, geistliche und bauliche Tätigkeit in Gang gesetzt, deren Ergebnis, wie es sich auf dem „Mons doctus" heute präsentiert, tief greifende Auswirkungen auf die planerischen und baulichen Tätigkeiten der heutigen Großen Kreisstadt Freising hat. Zwar sprechen Spötter aufgrund der von Süden zu sehenden mächtigen Mauer der erst vor einigen Jahren in den Berg getriebenen Tiefgarage schon von einem „Wehrberg", für das geistliche Leben bleibt das die Silhouette beherrschende Ensemble aber allemal von großer Bedeutung. Im Zentrum der Aufmerksamkeit steht freilich der Dom. „Es ist ein hehres Gotteshaus, prunkvoll, erhebend; es atmet feierliche Größe, Majestät und jubelnde Pracht, die den Beschauer mit befreiender Erhebung und festlicher Freude umfängt." So zumindest ist es in einer der unzähligen Würdigungen des Domes noch im Jahre 1951 etwas romantisierend beschrieben. Die nach dem Brand von 1258 schon als dritte Kathedrale im romanischen Stil errichtete Pfeilerbasilika besitzt, so steht es ebenfalls geschrieben, „eine altbayerisch lagernde Kraft". Man muss wahrlich kein Kunsthistoriker sein, um beim Betreten des Mariendoms zu erkennen, dass das Innere alles andere als romanisch ist. Zur 1000-Jahr-Feier des Todestages von Korbinian wurden die Brüder Cosmas Damian und Egid Quirin Asam engagiert, dem bis dahin relativ kahlen Innenraum mit ihrer bayerischen Barockkunst modischen Schick zu verleihen. Zur 1200-Jahr-Feier auf Hochglanz renoviert, verblassen und verdunkeln sich die Fresken allmählich wieder, so dass man jüngst zumindest eine Musterachse nach neuesten Kenntnissen saniert hat. Vor den Asams hat schon ein anderer berühmter Maler seinen Beitrag zur Bedeutung des Domes geleistet: Peter Paul Rubens malte zwischen 1622 und 1625 das Gemälde für den Hochaltar. Es fiel aber 1804 den Folgen der Säkularisation zum Opfer, wurde aus dem Dom entfernt und gelangte über Umwege in die Alte Pinakothek in München, wo es heute noch aufbewahrt ist. Nachdem man zunächst mit einem viel zu kleinen Altarblatt, dann mit einem zum Barocken des Domes gar nicht passenden Bild von Ludwig Löfftz vergeblich versucht hatte, für Ersatz zu sorgen, beantragte man 1920 anlässlich der Renovierung die Rückgabe des Gemäldes. Die Staatsgemäldesammlung lehnte zwar ab, aber immerhin übernahm der Staat die Kosten für die Anfertigung der heute zu sehenden Kopie des Rubens-Originals. Es hätte aber noch schlimmer kommen können in den Zeiten nach der Säkularisation. 1803 wurde der Dom gesperrt und soll als baufällig einem Metzger für einen Spottpreis zum Abbruch zugesagt worden sein. Wir haben es einem französischen General zu verdanken, dass der Dom noch steht, denn der wollte das Gebäude für das Napoleonsfest nutzen, feuerte kurzerhand seine Kanonen auf dem Domplatz ab und hatte, weil das Gotteshaus partout nicht zur Ruine einstürzen wollte, zumindest einmal bewiesen, dass von Baufälligkeit keine Rede sein könne. Der weitere vehemente Einsatz von Bürgern sorgte für den Erhalt des Domes. Die zweite Rettung also nach dem „Nebelwunder" des Heiligen Lantpert, der es durch sein Gebet geschafft haben soll, den Domberg in so dichte Nebelschwaden zu hüllen, dass die anrückenden Horden der Ungarn von einem reichen Bischofssitz gar nichts mitbekamen und einfach vorüberzogen.

Der gesamte Domhof in seiner heutigen Ausprägung geht auf Bischof Albert Sigismund zurück, der zwischen der ehemaligen fürstbischöflichen Residenz, dem heutigen als Bildungszentrum der Erzdiözese dienenden Julius-Kardinal-Döpfner-Haus, und dem Dom den Fürstengang erbaute. Ein Kleinod barocker Kunst liegt auch oberhalb des Kreuzgangs des Domes: Der 1734 neu gestaltete Barocksaal der Dombibliothek, die jetzt im südlichen Trakt des ehemaligen Marstalls untergebracht ist. Die frühere Domdechantei aus dem 17.

Jahrhundert, die im Osten des Domes angesiedelt ist, wird heute als Amtsgericht genützt. In der Zwischenzeit diente sie unter anderem als Taubstummen- und Blindeninstitut.

Aber nicht nur Bildungszentrum und Diözesanmuseum halten den Ruf des „Mons doctus" hoch, auch das 1828 gegründete Dom-Gymnasium bemüht sich um geistige und humanistische Bildung. Erst Vorgänger der Dombibliothek in der Nutzung des früheren Marstalls, ist das Gymnasium heute in einen Neubau und das umgebaute Renaissance-Schloss des pfälzischen Prinzen Philipp eingezogen. Bei Bauarbeiten zum neuen Gymnasium entdeckte man Beweise für eine Besiedlung des Dombergs schon in der Zeit zwischen 1250 und 750 vor Christus. Also waren gar nicht die Agilolfinger schuld?

Jährlich pilgern Tausende von Jugendlichen zur Jugend-Korbinianswallfahrt auf den Domberg.

Thousands of young people make the yearly pilgrimage to the Jugend-Korbinianswallfahrt (St. Korbinian Youth Pilgrimage) on Domberg Hill.

Chaque année des milliers de jeunes gens se retrouvent au pèlerinage de la jeunesse de Korbinian sur la Domberg.

Ogni anno migliaia di ragazzi salgono sul Domberg per il pellegrinaggio giovanile in onore di San Korbinian.

Einer der mächtigen Domtürme, Wahrzeichen der Stadt Freising.

One of the cathedral's mighty towers, landmarks of the city of Freising.
Une des tours les plus imposantes du dôme, emblème de Freising.
Uno degli imponenti campanili del duomo, simbolo di Freising.

Innenhof des Kardinal-Döpfner-Hauses, das früher die fürstbischöfliche Residenz war.

Courtyard of the Kardinal-Döpfner-Haus, formerly the prince-bishop's residence.
Cour intérieure de la maison du Cardinal Döpfner, elle fut autrefois la résidence des Princes Evêques.
Cortile interno del palazzo Kardinal Döpfner, un tempo residenza arcivescovile.

Das Mittelschiff des Mariendoms, geprägt vom bayerischen Barock der Brüder Asam.

Central nave of the Mariendom (Cathedral of the Virgin Mary), influenced by the Bavarian baroque style of the Asam brothers.

La nef centrale du dôme Mariendom, que les frères Asam ont imprégnée de l'art baroque bavarois.

La navata centrale del Mariendom, la cattedrale consacrata alla Madonna, testimonianza del barocco bavarese dei fratelli Asam.

Hinter der heutigen Dombibliothek lässt sich auf dem Dach der Tiefgarage gut Sonne tanken.

Sunny roof of the underground car park behind the present-day cathedral library.

Derrière l'actuelle bibliothèque du dôme, il est plaisant de goûter le soleil sur le toit du parking souterrain.

Dietro la biblioteca della cattedrale, i pannelli solari installati sul tetto del parcheggio sotterraneo provvedono al fabbisogno energetico.

Krypta des Mariendoms im Vordergrund die berühmte Bestiensäule.

Crypt of the Mariendom in the foreground, the famous Bestiensäule (Beast Columns).
Crypte du dôme Mariendom en avant-plan la célèbre colonne des bêtes féroces.
Cripta della cattedrale in primo piano la famosa "Bestiensäule", una colonna decorata con figure di mostri.

Barocksaal der Dombibliothek.

Baroque hall of the cathedral library.
Salle baroque de la bibliothèque du dôme.
Sala barocca della biblioteca della cattedrale.

Freising, die Stadt der Stifte und Klöster

Dass sich eine Bischofsstadt über fehlende Klöster und Stifte nicht zu beklagen braucht, versteht sich von selbst. Auch wenn die Kollegiatsstifte praktisch allesamt der Säkularisation 1802/1803 anheim gefallen sind und von St. Andreas, St. Peter oder auch St. Paul nichts mehr zu sehen ist, die Spuren, die die 1000-jährige Geschichte der Stifte und Klöster hinterlassen hat, prägen Freising auch heute noch. Damit ist weniger gemeint, dass das Benediktinerkloster Weihenstephan nach ständigem Abbrennen und Wiederaufbau die Keimzelle für die Tradition Freisings als Bierstadt darstellt. Nein, es sind die baulichen Überreste aus Freisings Geschichte als geistliche Stadt, die einem auf Schritt und Tritt begegnen. Auf dem Domberg hat die Johanniskapelle den Niedergang des Kollegiatsstifts St. Johann Baptist überlebt. Vom Kollegiatsstift St. Veit, zwischen Domberg und Weihenstephan gelegen, wurden zwar 1803 die Kirche, das Schulhaus und die drei Kapellen dem Erdboden gleichgemacht, dass sich aber an dieser Stelle heute der Lindenkeller, 1996 sanierter Kulturtempel Freisings, befindet, hat man dann doch irgendwie den Mönchen zu verdanken. Dass der Landrat von Freising mit seiner Verwaltung im stilechten Ambiente seine Arbeit tun kann, auch dafür gebührt den Mönchen Dank. Wohl 1142 wurde von Bischof Otto I. das Neustift gegründet, ein Prämonstratenser-Kloster, das, wie der Name „Neu-stift" erraten läßt, der sittlichen Hebung des Klerus dienen sollte. Mehrere Brände und Wiederaufbauten ereilten das Kloster, bevor es nach der Säkularisation als Kaserne, dann als Tuchfabrik, schließlich seit 1986 nach umfangreichen Sanierungsmaßnahmen als Landratsamt genutzt wird. Dem Zwang zur Sanierung sind aber auch andere Gebäude unterworfen, die ihre Wurzeln in der Hochzeit der Stiftsgründungen haben. Das Heilig-Geist-Spital beispielsweise, relativ spät, nämlich 1380, als Stiftung ins Leben gerufen und heute ein wiederum durch eine Stiftung getragenes Altenpflegeheim, hat der Freisinger Innenstadt eine gleichnamige Kirche in der gleichnamigen Gasse hinterlassen. Auch die heutige Pfarrkirche St. Georg, in der Mitte des 15. Jahrhunderts als Nebenkirche zum Dom errichtet – für den Turm hatte man erst gegen Ende des 17. Jahrhunderts Geld –, ist im Laufe ihrer Geschichte von der Gründung als Stift „St. Jörg im Moß" bis heute zahlreichen Renovierungen unterworfen gewesen. Das heutige Aussehen des Innenraums geht auf die Renovierung und Umgestaltung aus dem Jahre 2000 zurück, die sich zum einen der spätgotischen Ausstattung der Kirche angenommen, zum anderen der Pfarrkirche endlich ein Retabel verpasst hat. Baulich noch erhalten ist das ehemalige Franziskanerkloster in der Unteren Hauptstraße. Wo heute Kinder in die Grundschule und den Hort St. Korbinian strömen, lebten früher die Franziskanermönche als Prediger für die Freisinger Kirchen und hatten eine Art theologische Hochschule eingerichtet. 1844 wurde der Komplex unter Verwendung der Umfassungsmauern der Kirche zur Mädchenschule umgebaut, an der die Armen Schulschwestern von Unserer Lieben Frau wirkten. Die findet man – freilich in immer geringerer Anzahl – auch heute noch in Freising. An der Kammergasse liegt das Gelände, wo die Nonnen die Tradition Freisings als Klosterstadt noch lange nach der Säkularisation aufrechterhalten.

Der Innenhof der ehemaligen Prämonstratenserabtei Neustift.

Courtyard of the former Premonstratensian abbey, Neustift.
La cour intérieure de l'ancienne abbaye prémontrée Neustift.
Cortile interno della ex abbazia premostratense di Neustift.

Historisches Gemälde des „Closter Neu Stifft".

Historical paintings of the "Closter Neu Stifft".
Peinture historique du cloître "Closter Neu Stifft".
Antica raffigurazione del "Closter Neu Stifft".

Blick auf das Heilig-Geist-Spital, 1830 als Stiftung ins Leben gerufen.

View of the Heilig-Geist-Spital, a foundation grounded in 1830.
Vue sur le Heilig-Geist-Spital, créé par une fondation en 1830.
Vista sullo Heilig-Geist-Spital, opera pia fondata nel 1830.

Das ehemalige Kloster Neustift.

Former Kloster Neustift.
L'ancien cloître Neustift.
L'ex monastero di Neustift.

Der heutige Lindenkeller, bis 1803 das Kollegiatsstift St. Veit.

Present-day Lindenkeller, home to the St. Veit Foundation until 1803.
L'actuelle cave Lindenkeller, jusqu'en 1803 fondation collégiale St. Veit.
L'attuale "Lindenkeller", fino al 1803 collegio di St.Veit.

Freising, die Stadt mit Neustift

Wechselvoll ist noch gar kein Ausdruck für das, was sich in den vergangenen rund 850 Jahren im Osten Freisings an Geschichte vollzogen hat. Gegründet als (ziemlich brandanfälliges) Prämonstratenser-Kloster und nach der Säkularisation zur Kaserne umfunktioniert, war damit der Lauf der Geschicke für Neustift noch lange nicht zu Ende. 1906, als sich die bayerischen Soldaten in die hochmoderne „Prinz-Arnulf-Kaserne" verzogen, war es der Unternehmer Carl Feller, der die Gelegenheit beim Schopf packte und für 60.000 Mark den Komplex erwarb, um dort eine Tuchfabrik einzurichten. Als 73 Jahre später der Landkreis Freising das Anwesen der inzwischen still gelegten Tuchfabrik erwarb, war der Preis auf neun Millionen Mark in die Höhe geschnellt. In den folgenden sieben Jahren bis zum Einzug des Landratsamtes in die ehemals geheiligten Hallen waren umfangreiche Sanierungs- und Neubauarbeiten nötig, um den Besuchern des Landratsamtes beispielsweise den barocken Kreuzgang wieder zeigen oder die Kreisräte im großen Sitzungssaal unter den Stukkaturdekorationen eines Johann Baptist Zimmermann ihre Beschlüsse fassen lassen zu können.

Im Vergleich zu dieser amöbenhaften Geschichte wirkt es beinahe wie ein Wunder, dass sich gleich in der Nachbarschaft ein Juwel erhalten hat, das – von den unvermeidlichen Bränden und einer Zerstörung durch die Schweden im Jahre 1634 einmal abgesehen – bis heute als Prachtstück sakraler Baukunst zu würdigen ist: die Pfarrkirche St. Peter und Paul. Die zusammen mit dem Kloster erbaute Kirche erhielt im wesentlichen ihre heutige Form im 18. Jahrhundert. Im Jahre 1700 schloss man einen Vertrag mit Giovanni Antoni Viscardi zum Neubau einer Kirche, zu der die Rohbauarbeiten 1713 fertiggestellt wurden. Es dauerte noch einmal neun Jahre, bis die Klosterkirche eingeweiht werden konnte. Ein Brand von 1751 zwang – glücklicherweise muss man heute sagen - zu einem Umbau: Es war wieder jener Johann Baptist Zimmermann, der für die Freskomalereien verpflichtet wurde, und es war Ignaz Günther, der 1765 den Hochaltar schuf, von dem manche sagen, das aus den 50-er Jahren des 20. Jahrhunderts stammende Hochaltarbild sei nicht gerade eine Zier für die Kirche. Kaum zu glauben, aber wahr, blieb die Kirche von den Wirren der Säkularisation praktisch unbehelligt. Die Nebenkirche zu St. Georg konnte die Gemeinde Neustift 1882 für unglaubliche 1000 Mark von der Stadt erwerben, um zehn Jahre später die Pfarrei Neustift zu gründen. Seit der Eingemeindung nach Freising im Jahre 1905 wird Neustift als Stadtpfarrei St. Peter und Paul geführt. Der Kirche war's egal, denn abgesehen von einer umfassenden, sieben Jahre währenden Innen- und Außenrenovierung bis zum Abschluss der Arbeiten 1978 steht das Juwel fest gemauert in den Erden.

Die geistliche und grüne Stadt Freising: Turmspitze der ehemaligen Prämonstratenserkirche, heute St. Peter und Paul.

The sacred and green city of Freising: church tower of the former Premonstratensian church, today Sankt Peter und Paul (Saint Peter and Paul).

Freising la ville ecclésiastique dans la verdure: sommet de la tour de l'ancienne église des Prémontrés, actuellement St. Peter et Paul.

Immersa nel verde, Freising è una città ricca di chiese: il campanile di St. Peter und Paul, un tempo chiesa premonstratense.

Blick über die Innenstadt auf den Weihenstephaner Berg.

View of city centre from Weihenstephaner Hill.
Vue de l'intérieur de la vieille ville sur la colline Weihenstephan.
Vista sul centro dallo Weihenstephaner Berg.

Das frühere Kloster Neustift, das jetzt das Landratsamt beherbergt.

Former Kloster Neustift (Neustift Cloister) which now houses county administrative offices.

L'ancien cloître Neustift abrite maintenant la sous-préfecture.

L'ex convento di Neustift, attualmente sede del Landratsamt che ospita il presidente del consiglio distrettuale..

Der restaurierte Barocksaal des Klosters, in dem heute der Kreistag berät und beschließt.

Restored baroque hall of the cloister where today the county parliament has its discussions and makes its decisions.

La salle baroque restaurée du cloître, de nos jours le Représentant élu du Land y consulte et prend des décisions.

La sala barocca del convento, ora restaurata, ospita il Kreistag, consiglio distrettuale che qui si riunisce e delibera.

Der Kirchturm der Stadtpfarrkirche St. Peter und Paul.

Church tower of the city parish church, St. Peter und Paul.
La tour de l'église paroissiale St. Peter et Paul.
Il campanile della chiesa parrocchiale di St. Peter und Paul.

Innenansicht von St. Peter und Paul mit den Freskomalereien von Johann Baptist Zimmermann und dem Hochaltar von Ignaz Günther.

Interior view of St. Peter und Paul, featuring Johann Baptist Zimmermann's frescoes and Ignaz Günther's high altar.
Vue intérieure de St. Peter et Paul avec des fresques de Johann Baptist Zimmermann et le maître-autel de Ignaz Günther.
Interno di St. Peter und Paul con gli affreschi di Johann Baptist Zimmermann e l'altare maggiore di Ignaz Günther.

Freising, die Stadt mit dem Mohren

Nachweislich gab es unter den Freisinger Bischöfen - und übrigens auch unter den Oberbürgermeistern - keinen Schwarzen (womit wirklich die Hautfarbe gemeint ist). Und doch ist eines der stets präsenten Freisinger Markenzeichen ein Mohrenkopf. Am auffälligsten und mächtigsten ist die Darstellung des Mohren auf dem Brunnen an der Einmündung des Fürstendammes in die Bahnhofstraße. Der freilich stand nicht immer hier, seine eigentliche Heimat ist der Domvorplatz, wo er um 1700 errichtet wurde. Während der Säkularisation wurde er abgerissen, 1869 fand man den Rumpf wieder, konnte den Mohrenbrunnen aber an alter Wirkungsstätte nicht mehr aufstellen, weil da inzwischen die Statue von Bischof Otto I. herrschte. Kurzfristig wurde der Brunnen in die Luitpoldanlage verlegt, bevor er 1901 an seinem jetzigen Platz wiedererrichtet wurde. 1993 ersetzte man das unter den Umwelteinflüssen schwer leidende Original durch eine Kopie. Die wechselvolle Geschichte des Mohrenbrunnens führt auch zu den Wurzeln der Geschichte des Freisinger Mohren zurück, der – geht man mit offenen Augen über den Domberg, durch den Dom oder richtet seine Augen auf das Wappen oberhalb der Bühne des Asamtheaters – einem auf Schritt und Tritt begegnet. Der 29. November 1286 gilt als Geburtsdatum des Freisinger Mohren. Auf dem Siegel einer Tausch-Urkunde des Bischof Emicho taucht der Kopf mit den wulstigen Lippen zum ersten Mal auf, Premiere in Farbe feierte der Mohr als Bischofswappen des Hochstifts Freising im Jahre 1316. Seitdem ist der Mohr fester Bestandteil des bischöflichen Hoheitszeichens und darf deshalb auch eine Krone tragen. Die Gelehrten haben sich lange Zeit den Kopf über den Mohrenkopf zerbrochen. Die Erklärungen, wieso gerade ein Mohr die Macht Freisinger Bischöfe symbolisiert, sind ebenso vielfältig wie abenteuerlich. Manch einer glaubte, Verbindungen zu Melchior, einem der Drei Heiligen Könige, herstellen zu können, ein anderer vermutete, zu Zeiten der Römer sei Freising ein Kastell einer phrygischen (und folglich dunkelhäutigen) Legion gewesen, und ganz kurios ist die Version, ein Herzog habe seinen Mohren sagen hören, es sei ihm „in den Kopf gekommen, frei zu singen" – was nicht nur den Mohrenkopf, sondern praktischerweise auch gleich den Namen „Freisingen" mit erklärt. Leider dürfte alles viel weniger romantisch sein: Auf die Krone kommt es nämlich an, mit der die Bischöfe ihre weltliche Macht schon im Wappen beanspruchen wollten. Das alles spielt heute freilich keine Rolle mehr, wenn die ausgezeichneten Kulturpreisträger des Landkreises einen bronzenen Mohrenkopf als Trophäe für ihr geistlich-kulturelles Schaffen mit nach Hause nehmen dürfen.

Der Mohrenbrunnen am Fürstendamm (im Hintergrund das Vinzentinum).

Mohrenbrunnen (Moorish Fountain) on Fürstendamm Street (in the background, the Vinzentinum).
La fontaine des nègres Mohrenbrunnen sur le Fürstendamm (en arrière plan le Vinzentinum).
La fontana dei Mori al Fürstendamm (sullo sfondo il Vinzentinum).

Eine Mohren-Skulptur, Zeichen fürstbischöflicher Macht, im Innenhof des Kardinal-Döpfner-Hauses.

Sculpture of a moor, symbol of the prince-bishop's power, in the courtyard of the Kardinal-Döpfner House.
Une sculpture représentant des nègres, signe de la puissance des princes évêques, dans la cour intérieure de la maison du Cardinal Döpfner.
La scultura di un moro, simbolo del potere arcivescovile, nel cortile interno del palazzo Kardinal Döpfner.

Freising, die Stadt mit dem Nährberg

Der Nährberg, eine leicht verklärende Bezeichnung für den Hügel, auf dem sich über den erst 1998 wieder freigelegten Grundmauern der Stephans-Kirche das Kloster Weihenstephan angesiedelt hatte, ist längst zu klein geworden. Der Berg, auf dem die Benediktinermönche ab dem 11. Jahrhundert Bier und Käse zum Eigenbedarf produzierten und auf dem 1804 Kurfürst Max IV. Joseph eine Musterlandwirtschaftsschule errichtete, erscheint nur noch als Keimzelle dynamischer Expansionsentwicklungen, die Freising unter anderem den Titel einer Universitätsstadt eingebracht haben. Die Technische Universität München-Weihenstephan und die Fachhochschule (hervorgegangen aus der 1804 gegründeten Kurfürstlichen Centralbaumschule Weihenstephan und Nachfolgerin der Höheren Staatslehranstalt für Gartenbau), dazu diverse Landesanstalten, haben sich in den vergangenen Jahrzehnten im Ortsteil Vötting ausgebreitet und aus dem, was vor 200 Jahren unter Max Schönleutner begann und 1920 offiziell zur Hochschule erhoben wurde, eine Zukunftswerkstatt für „grüne" Biotechnologie gemacht. „Center of Life Sciences" heißt das Gesamtprojekt inzwischen nicht ganz unbescheiden. Über 6000 Studenten pilgern nach Freising, um sich in allen Sparten der „food science" fit für die Ernährung der künftigen Menschheit machen zu lassen. Der planmäßige Ausbau des Campus (und darüber hinaus) begann in den 70-er Jahren des 20. Jahrhunderts und setzt architektonisch auf eine Synthese moderner Baukörper mit den historischen Klostergebäuden.

Hartnäckig hält sich auf dem Weihenstephaner Berg noch die Staatliche Brauerei Weihenstephan. Das legendäre Datum 1040, das Jahr, in dem die Mönche das Brauen begonnen haben sollen, verpflichtet eben. Dabei verstand es die Brauerei stets, die Nähe der diversen Forschungseinrichtungen zu ihren Gunsten zu nutzen. 1907 nahm eine Versuchsbrauerei ihren Betrieb auf und bis heute sind Wissenschaft und Wirtschaft (in ihrer doppelten Bedeutung des Wortes) eng miteinander verzahnt.

Zu eng wurde es hingegen auf dem Nährberg für die Molkerei. Nachdem die Mönche acht Jahrhunderte lang fleißig in Käse gemacht hatten, wurde die Gutskäserei 1876 zu einer Molkereiversuchsanstalt umgewandelt und 1898 sogar eine Molkereischule gegründet, die 1923 als Süddeutsche Versuchs- und Forschungsanstalt für Milchwirtschaft an die Technische Universität angegliedert wurde. Nachdem die Molkerei in den 90-er Jahren des 20. Jahrhunderts mehrere Umstrukturierungen über sich ergehen lassen durfte und musste, wanderte die Molkerei, die heute zum Müller-Konzern gehört, von ihrem ursprünglichen Standort aus. Produktion und Verwaltung sind heute etwas außerhalb im Westen von Freising auf dem ehemaligen Schlüterhof zu finden.

Die Fachhochschule Weihenstephan.

Weihenstephan College.
L'école technique Weihenstephan.
La Technische Universität Weihenstephan, il politecnico locale.

Mekka für Pflanzenfreunde: der Staudensichtungsgarten.
Mecca for plant lovers, the Staudensichtungsgarten, (Perennial Viewing Garden).
La Mecque des amis des plantes: le jardin des arbustes.
La mecca degli amanti del verde: lo "Staudensichtungsgarten", il giardino degli arbusti.

Blick über den Universitäts-Campus auf dem Weihenstephaner Berg

View of the university campus on Weihenstephan Hill
Vue au-dessus du campus universitaire sur la colline Weihenstephan
Veduta del campus universitario sul Weihenstephaner Berg.

Die staatliche Molkerei Weihenstephan, die inzwischen vom Nährberg herunter vor die Tore Freisings umgesiedelt ist.

State dairy in Weihenstephan, moved down from the "Hill of Sustenance" to in front of the gates of Freising.

La laiterie d'état Weihenstephan, elle a été transférée entre temps de la Nährberg aux portes de Freising.

Molkerei Weihenstephan, la latteria statale che nel frattempo è stata trasferita dal Nährberg alle porte di Freising.

Futuristische Architektur: die neue Zentralbibliothek der Technischen Universität.

Futuristic architecture: the new central library of the technological university.
Architecture futuriste: la nouvelle bibliothèque centrale de l'Université technique.
Architettura futurista: la nuova biblioteca centrale della Technische Universität.

Freising, die Stadt mit dem Bier

Mehr als der olympische Geist beseelt Freising, wenn es um das bayerische Nationalgetränk geht. Man will nicht nur dabei sein beim Brauen des Bieres, man will die Heimstätte der ältesten Brauerei der Welt sein. Doch dieser Ruf Freisings als Bierstadt gründet sich, so ist schrecklicherweise im vergangenen Jahrhundert herausgefunden worden, auf eine plumpe Fälschung. Jene Urkunde, in der Bischof Otto I. dem Kloster Weihenstephan im Jahre 1146 das Recht zum Bierbrauen verliehen und damit den Grundstein für die Bierseligkeit Freisings gelegt haben soll, ist schlichtweg nichts als Lüge. Georgius Tanner heißt der Mann, seines Zeichens in der ersten Hälfte des 17. Jahrhunderts Abt in Weihenstephan, der aus einem 200 Jahre zurückliegenden Streit um das Weinschankrecht seine Lehren zog und – um mögliche Anfeindungen gegen die Herstellung und den Ausschank des Bieres vorzubeugen – die Abfassung jenes fiktiven Schriftstücks in Auftrag gab. Dass es sich die Staatsbrauerei Weihenstephan trotzdem nicht nehmen ließ, auch nach Aufdeckung dieser desillusionierenden Tatsache mit dem Prädikat „Älteste Brauerei der Welt" zu werben, ist wohl reines Traditionsbewusstsein. Immerhin kann man sich auf Nachrichten schon aus dem 9. Jahrhundert berufen, in denen für die Bischofsstadt der Handel mit Hopfen, Malz und Bier belegt ist. Und Dokumente aus dem 11. und 12. Jahrhundert verbürgen auch die Lieferung von Hopfen an das Kloster Weihenstephan.

Ungebrochen ist seither die Tradition des Bierbrauens in Freising. Die feuchten Zeiten freilich, wo die Zahl der kleinen Produktionsstätten im Stadtgebiet in die Dutzende ging, sind längst vorbei. Im Wesentlichen hält neben der Staatsbrauerei Weihenstephan, die dem Namen und dem Ort ihrer Geschichte verhaftet blieb, das Hofbrauhaus, das also nicht nur in München, sondern auch in Freising steht, die Fahne der strikten Befolgung des bayerischen Reinheitsgebotes hoch – und zwar bis zum Beginn des 20. Jahrhunderts auf dem „Mons doctus", jetzt in der Mainburger Straße. Und wie sich das für Brauereien solcher Größe und solcher Qualität gehört, besitzen beide auch ihren eigenen Biergarten, jene sagenumwobenen Kommunikationsstätten bayerischer Gemütlichkeit und Treffpunkte kommunal- und weltpolitischer Stammtischphilosophen. Das Bräustüberl auf dem Nährberg Weihenstephan und der Hofbrauhauskeller auf dem Mainburger Berg locken nicht nur mit Spezialitäten und eben jenem Resultat der Verarbeitung des „grünen Goldes", sondern auch mit prächtigen Ausblicken auf die Bierstadt Freising.

Freising, auch eine Stadt der Türme.

Freising, also a city of towers.
Freising, également la ville des tours.
Freising, città delle torri.

Wandgemälde am Verwaltungsbau der Bayerischen Staatsbrauerei Weihenstephan.
Murals in the administrative buildings of the state-run brewery in Weihenstephan.
Peintures murales de l'immeuble administratif de la brasserie de l'état bavarois Weihenstephan.
Dipinto murale nel palazzo degli uffici della Bayerische Staatsbrauerei Weihenstephan, la birreria gestita dallo stato bavarese.

Zug durch die Innenstadt zum Volksfest - prächtiger Beweis Freisinger Biertradition.

Parade through the city centre to the Volksfest (public festival) - colourful proof of Freising's brewing tradition.

Défilé à travers la ville lors de la kermesse - un témoignage de la très grande tradition liée à la bière à Freising.

Corteo in centro in occasione del Volksfest, la festa popolare, prova evidente della tradizione della birra a Freising.

Das „Bräustüberl" der Staatsbrauerei Weihenstephan auf dem „Nährberg".

"Bräustüberl" (beer hall) of the state brewery in Weihenstephan.
L'auberge "Bräustüberl" de la brasserie d'état Weihenstephan sur la colline "Nährberg".
La "Bräustüberl" della birreria Weihenstephan sul "Nährberg".

Das Freisinger Hofbrauhaus in der Mainburger Straße.

Freisinger Hofbrauhaus (inn and former brewery) on Mainburger Straße (Mainburger Street).
L'auberge brasserie de Freising dans la rue Mainburger.
L'antica birreria di Freising Hofbrauhaus nella Mainburger Straße.

Blick auf den Weihenstephaner Berg, im Volksmund als „Nährberg" bezeichnet.

View of the Weihenstephaner Berg, commonly called "Nährberg" ("Hill of Sustenance").

Vue sur la colline Weihenstephan, désignée dans le langage populaire par "Nährberg" (montagne de la nourriture).

Veduta del Weihenstephaner Berg, chiamato comunemente "Nährberg".

Sudhaus der Staatsbrauerei Weihenstephan.

Mash house of the state brewery in Weihenstephan.
Maison de brassage de la brasserie d'état Weihenstephan.
Edificio sud della birreria Weihenstephan.

Freising, die Stadt mit den Schulen

Wen wundert's, dass Freising mit seiner bischöflichen Tradition schon immer ein Hort der Gelehrsamkeit war. Obwohl aber schon im 8. Jahrhundert eine Domschule und im 13. Jahrhundert eine erste Volksschule in der Stadt entstanden, beginnt die Historie Freisings als Schulstadt erst am Ende des 17. Jahrhunderts: 1697 wird am Marienplatz das fürstbischöfliche Lyzeum eröffnet und lockt die geistige Elite mit Philosophie und Theologie in das in der Folgezeit von verschiedenen Schularten besetzte und belegte Gebäude, das der Freisinger heute gemeinhin als Asamtrakt bezeichnet. So richtig in Schwung kommt Freising als Schulstadt aber erst nach der Säkularisation, auch wenn 1802/03 das Lyzeum aufgelöst wurde.

Die ersten Pflänzchen sprießen bald nach dem einschneidenden Ereignis wieder auf dem „mons doctus". Nicht nur ein Taubstummeninstitut und eine Blindenschule werden kurzfristig eingerichtet, die Eröffnung des Knabenseminars und einer Studienanstalt im Jahre 1828 auf Betreiben von König Ludwig I. selig darf als Gründungsdatum des heutigen Dom-Gymnasiums angesehen werden. Seitdem zieht sich ein Stichwort durch die wechselvolle Geschichte der höheren Schulen in Freising, das auch heute noch den Stadtvätern und der Stadtkasse immer wieder Kopfzerbrechen bereitet: Raumnot. Zählt man allein die Anbauten, Umzüge und Neubauten, die das Dom-Gymnasium und die dortigen Pennälergenerationen in den knapp 180 Jahren seit den Ursprüngen als Seminarium puerorum im Propsteihof des früheren Stiftes St. Andreas über sich ergehen lassen mussten, so kommt man auf die beeindruckende Zahl von acht. Dabei werden allein die 70 Jahre zwischen 1910 und 1980 von den Überlegungen geprägt, dem – fast selbstverständlich humanistischen – Dom-Gmynasium an der Stelle des ehemaligen alten Hofbrauhauses ein Heim zu geben, das von den Räumlichkeiten her den Anforderungen genügt. Allein die endgültige Bau- und Planungsphase des jetzigen Gebäudes dauerte nach heftigsten Auseinandersetzungen über den Abbruch des ehemaligen Philippsschlosses aus der Renaissancezeit und späteren Hofbrauhauses über zehn Jahre. Nicht weniger spannungsgeladen und von Umzügen geprägt ist die Historie des Camerloher-Gymnasiums. Im Jahre 1813 liegen die Wurzeln des heutigen musischen Gymnasiums, als im Lyzeum das königliche Schullehrerseminar eröffnet wird. Die spätere Seminarschule erhält um 1900 den Neubau der Präparandenschule in der Haydstraße und wird 1954 zu einem Deutschen Gymnasium umgewandelt, womit sich die besondere Verbindung zur Lehrerausbildung verliert. 1969 kann man schließlich den Neubau an der Wippenhauser Straße beziehen, wo mit dem „Camarett" das zweitälteste Schulkabarett Deutschlands zu Hause ist. Das 1971 errichtete Schülerheim, in Pennälerkreisen nur „Pensi" genannt, sieht allerdings seinem Abbruch entgegen, denn den Grund braucht man zu Erweiterung des viel zu engen Gymnasiums. In das Jahr 1833 reichen die Wurzeln des Josef-Hofmiller-Gymnasiums zurück. Die Landwirtschafts- und Gewerbeschule, später die Mädchenoberrealschule, dann die Ausgliederung der Oberschule für Jungen aus dem Dom-Gymnasium führen in mehr oder weniger direkter Linie zu dem Neubau einer Oberrealschule im Jahre 1960 an der Vimystraße. Seit 1965 ist man offiziell Gymnasium, und zwar ein mathematisch-naturwissenschaftliches mit eigener Sternwarte. Das „JoHo", wie Freisings größtes Gymnasium im Schülerdeutsch heißt, platzt aber auch aus allen Nähten – allen Erweiterungen zum Trotz.

Dieses Schicksal teilen die höheren Schulen in Freising mit ihren Kollegen von der Wirtschafts-, Fachober-, Berufs- und Berufsoberschule, der Realschule und den zahlreichen Volksschulen. Aber wer nicht nur dem stetigen Zuzug, sondern auch seinem Ruf, neben Bischofs-, Bier- und Garnisonsstadt auch Schulstadt mit Tradition zu sein, gerecht werden will, der muss sich diesen Ruf eben etwas kosten lassen.

Josef-Hofmiller-Gymnasium mit seiner Sternwarte.

Josef-Hofmiller-Gymnasium (grammar school), with its observatory.
Le lycée Josef-Hofmiller avec son observatoire.
Il Josef-Hofmiller-Gymnasium con il suo osservatorio.

Wirtschaftsschule an der Wippenhauser Straße.

Business school on Wippenhauser Straße.
Ecole de commerce dans la rue Wippenhauser.
Wirtschaftsschule, istituto tecnico ad indirizzo economico, nella Wippenhauser Straße.

Camerloher-Gymnasium.

Camerloher-Gymnasium.
Lycée Camerloher.
Il Camerloher-Gymnasium.

Dom-Gymnasium.

Dom-Gymnasium.
Lycée du dôme.
Il Dom-Gymnasium.

Freising, die Stadt mit der Altstadt

Was die Naturwissenschaft für das menschliche Leben bewiesen hat, nämlich dass unsere Vorfahren aus dem Sumpf gekrochen sind, lässt sich historisch auch auf Freising übertragen: Das Herz im Herzen Altbayerns, die Altstadt also, war auch einmal Sumpf. Wo heute die Hauptstraße verläuft, wo heute der oft genug als „gute Stube" apostrophierte Marienplatz liegt, auf dem man seit 996 das von Kaiser Otto III. verliehene Marktrecht ausüben kann, wo heute die Pfarrkirche St. Georg mit ihrem Barock-Turm in den weiß-blauen Himmel ragt und wo heute das 1904/05 an das Stauberhaus, die frühere Schrannenhalle, angebaute Rathaus als Verwaltungssitz thront, da konnte man noch bis vor einigen Jahrhunderten getrost in Gummistiefeln flanieren. Rund um die 1674 von Bischof Albert Sigismund gestiftete und 1859 mit Spenden der Freisinger Bürger sanierte und neu eingeweihte Mariensäule, auf der neben Bischof Korbinian der zweite Bistumsheilige König Sigismund, Franz von Assisi und der erste Missionar Franz Xaver in die vier Himmelsrichtungen blicken, ist inzwischen freilich von Schlamm und Sumpf nichts mehr zu sehen. Aber nicht nur um den Marienplatz herum, der auf der einen Seite vom Asamtrakt, dem ehemaligen Lyzeum, auf der anderen von zwei Cafés begrenzt wird, lohnt es sich, genauer hinzuschauen. Schon der viereckige, unübersehbar moderne Brunnen, der bei den Freisingern nicht immer auf Gegenliebe stößt, hat seine reizvolle Geschichte, steht er doch an der Stelle, wo schon einmal ein Brunnen gestanden hatte: der von den Bürgern gezahlte, ungefähr zur selben Zeit wie die Mariensäule errichtete Georgsbrunnen, der leider nach zehn Jahren schon wieder zusammenkrachte. Der jetzige Wasserquell steht immerhin schon seit 1989. Ein Blick lohnt sich auch in die Fischergasse. Auch wenn die 1664 errichtete „Fronveste", die bis 1965 als Gefängnis genutzt wurde, noch immer ihrer Sanierung und einer neuen Nutzung harrt, und auch wenn die Rückansicht des Asamgebäudes noch nicht zu den Aushängeschildern gehört, die Fischergasse selbst entlang der sanft plätschernden Stadtmoosach ist durchaus ein kleines, aber feines Kleinod, an dessen Häusern man noch immer die typischen Erkerfenster zur Seite hinaus erkennt – man war auch früher schon neugierig, was rechts und links von einem so vor sich geht. Und wer am Ende in die Luckengasse einbiegt, der kommt an dem nach dem früheren Besitzer benannten Leberwursthaus vorbei, das auch ein Geheimnis birgt. Am hinteren Hauseck fehlt das Eck, was aber keine Schlamperei von Handwerkern war, sondern nur die Folge der Faulheit des Benefizianten Schmidt, der von seinem Bett im angrenzenden Haus aus die Uhr der Heiliggeistkirche sehen wollte und deshalb um die Entfernung des entsprechenden Ausschnitts an der Hausecke bat. Wer hätte so einen frommen Wunsch abschlagen können? An der Ecke Luckengasse/Untere Hauptstraße ist das nächste Relikt vergangener Zeiten zu entdecken. „Untere Hauptstraße 38" gibt es nicht, denn an dem Gebäude prangt stolz der kaiserliche Name „Hindenburgstraße 38". Schilder aus der Nazizeit, als man auch in Freising eine „Adolf-Hitler-Straße" hatte, sieht man glücklicherweise nicht mehr. Stolz können die Freisinger aber auf einen Mann sein, der Weltgeschichte geschrieben und sogar für eine Nacht sein erhabenes Haupt in Freising gebettet hat: Napoleon Bonaparte schlief (und aß selbstverständlich) dort, wo heute fast food lockt. Ein Schmuckstück, das der Geschichte Freisings alle Ehren macht, ist das frisch renovierte Magistratsgebäude in der Bahnhofstraße. Jene Zeiten, in denen in der Oberen Hauptstraße noch die Stadtmoosach offen floss und in der Mitte der heutigen Straße eine Häuserzeile stand, sind freilich auch lange vorbei. Kämpfe darum, den idyllischen Bach wieder zu öffnen oder in der Hauptstraße um den Marienplatz herum eine Fußgängerzone einzurichten, sind inzwischen ebenso zahlreich und langwierig ausgetragen worden, wie die Auseinandersetzungen mit feindlichen Stämmen im Mittelalter.

Am Wörth.

By the River Wörth.
A Wörth.
Am Wörth.

Hauptstraße an einem verkaufsoffenen Sonntag.

Main street on a special Sunday when shops are allowed to do business.
La rue principale lors du dimanche où les magasins restent ouverts.
La Hauptstraße in occasione di una domenica con i negozi aperti.

Über den Dächern der Altstadt thront der Domberg.

Domberg Hill stands in solitary splendour over the roofs of old town.
Au dessus des toits de la vieille ville règne la colline Domberg.
Il Domberg domina i tetti della città.

Blick in den Hof der Pfarrkirche St. Georg.
View of the churchyard at the Pfarrkirche St. Georg (St. George Parish Church).
Vue dans la cour de l'église paroissiale St. Georg.
Vista nel cortile della chiesa di St. Georg.

Das sanierte ehemalige Magistratsgebäude, davor der Roider-Jakl-Brunnen.
Renovated former municipal building; in front, the Roider-Jakl-Brunnen (Roider-Jakl-Fountain).
La restauration des anciens bâtiments de la magistrature, devant la fontaine Roider-Jakl
L'ex edificio del Consiglio comunale, ora restaurato, e in primo piano il Roider-Jakl-Brunnen.

Ihrem Namen als Rosenstadt macht Freising auch im Mittleren Graben alle Ehre.

Freising prides itself on ist name, "Rosenstadt" (Rose City).
Désignée comme étant la ville des roses, le fossé central rend aussi hommage à Freising.
Anche nel Mittlerer Graben, Freising fa davvero onore alla sua fama di "città delle rose".

Im Herzen der Altstadt: Rathaus, Mariensäule und Pfarrkirche St. Georg.

In the heart of the Altstadt (old town): Rathaus (city hall), Mariensäule (Columns of the Virgin Mary) and Pfarrkirche St. Georg.

Au coeur de la vieille ville : la mairie, la Mariensäule (colonne de Notre Dame) et l'église paroissiale St. Georg.

Nel cuore del centro storico: il municipio, la Mariensäule, colonna dedicata alla Madonna, e la chiesa parrocchiale di St. Georg.

„Ziererhaus" am Rindermarkt, das heute als Standesamt genutzt wird.

"Ziererhaus" on the Rindermarkt, used as a registry office today.

La maison "Ziererhaus" sur le Rindermarkt (marché aux bœufs), qui sert aujourd'hui de bureau de l'état civil.

Vista del "Ziererhaus" al Rindermarkt, in cui ora si celebrano i matrimoni civili.

Altstadt-Idylle im Graben.

Old town idyll in the Graben.
Idylle dans les douves de la vieille ville.
Veduta idilliaca del centro storico nel Graben.

Häuserflucht in der Oberen Hauptstraße.

Row of houses on Oberen Hauptstraße (Upper Main Street).
Alignement de maisons dans la Oberen Hauptstraße.
Fuga di case nella Obere Hauptstraße.

Rosenmarkt in der Rosenstadt.

Rose market in the Rose City.
Marché des roses dans la ville des roses.
Mercato dei fiori nella città delle rose.

Der Asamsaal.

Asamsaal (Asam Hall).
La salle Asam.
La sala Asam.

Vinzentinum in der Bahnhofstraße.

Vinzentinum on Bahnhofstraße.
Vinzentinum dans la Bahnhofstraße.
Il Vinzentinum nella Bahnhofstraße.

Blick auf die Fassade des Asamgebäudes, das früher als Lyzeum genutzt wurde.

Façade of the Asamgebäude, used previously as a girls' grammar school.
Vue sur la façade de l'édifice Asam, qui fut autrefois un lycée de jeunes filles.
Vista della facciata di palazzo Asam, un tempo utilizzato come liceo.

Klinikum im Norden von Freising.

Hospital in the north of Freising.
Clinique dans le nord de Freising.
Policlinico a nord di Freising.

Altes Gefängnis in der Fischergasse.

Old prison on Fischergasse.
Vieille prison dans la ruelle Fischergasse.
La vecchia prigione nella Fischergasse.

Fischergasse entlang der Stadtmoosach.

Fischergasse along the Stadtmoosach.
La ruelle Fischergasse le long du Stadtmoosach.
La Fischergasse lungo la Stadtmoosach.

Samstäglicher Wochenmarkt auf dem Marienplatz.

Weekly Saturday market on the Marienplatz.
Marché hebdomadaire du samedi sur la place Marienplatz.
Mercato del sabato in Marienplatz.

Großer Sitzungssaal des Rathauses.

Large conference hall in the city hall.
Grande salle de réunion de la mairie.
La sala consigliare del municipio.

Fischergasse.

Fischergasse.
La ruelle Fischergasse.
Fischergasse.

Innenraum der Pfarrkirche St. Georg mit dem neuen Retabel.

Interior of the Pfarrkirche St. Georg with its new Retabel.
Intérieur de l'église paroissiale St. Georg avec un nouveau retable.
Interno della chiesa di St.Georg con il nuovo retablo.

Kriegerdenkmal in der Oberen Hauptstraße.

War memorial on Obere Hauptstraße.
Monument aux morts dans la Obere Hauptstraße.
Monumento ai combattenti nella Obere Hauptstraße.

Freising, die Stadt der Museen

So vielschichtig die Geschichte Freisings ist, so vielseitig ist seine Museumslandschaft. Und wie so Vieles in der Domstadt unterliegt auch dieser Bereich einem steten Wandel: Museen gehen, Museen kommen, Museen werden geschlossen, Museen werden erweitert.

Die stärkste Konstante, die sich auch am stärksten über den Bereich Freising hinaus ausdehnt, steht auf dem Domberg: das in dem Gebäude des ehemaligen erzbischöflichen Knabenseminars untergebrachte Diözesanmuseum. Was schon 1857 durch die Stiftung des geistlichen Kunstforschers Joachim Sighart gegründet wurde, ist seit seiner Eröffnung 1974 das größte kirchliche Museum in Deutschland. Nicht nur mit seinen festen Ausstellungen von Kunstsammlungen des Erzbistums München und Freising, die Objekte aus Bayern, Salzburg und Tirol vom 11. bis 18. Jahrhundert umfassen, macht das Diözesanmuseum von sich reden, es sind die stetig wechselnden, durchaus auch der modernen Kunst genügend Raum bietenden Spezialausstellungen, die das Diözesanmuseum zu einem niemals in Ehrfurcht vor der eigenen Größe erstarrten Anziehungspunkt für Kunstliebhaber machen.

Ganz der Historie des profanen Freising verschrieben hat sich das Heimatmuseum, das im ersten Stock des Asamgebäudes seine Heimat gefunden hat. Getragen vom Historischen Verein Freising lagern dort die Zeugen der politischen, wirtschaftlichen und sozialen Geschichte der Domstadt. Und weil das wahrlich nicht wenige Zeugnisse sind, die man schließlich den eigenen Bürgern und den Besuchern nicht vorenthalten will, dürften die Bemühungen um einen Ausbau des Heimatmuseums auf weitere Teile des Asamkomplexes und damit zu einem Stadtmuseum wahrscheinlich bald von Erfolg gekrönt sein.

Ein ganz besonderes Kleinod musealer Bemühungen ist das sogenannte „Grabenmuseum" im Bürgerturm. Im 14. Jahrhundert als Wehrturm errichtet, diente er als Pulverturm, der laut Stadtratsbeschluss von 1693 „bey der Thür mit schlössern vnd Eisenen blech vf alle bössere weis versichert" werden musste, wurde dann zum Gefängnis umfunktioniert, wo der „Veitmüller" Wast sitzen musste, „weil er unter das Roggenmehl Gipsmehl gemischt hatte und daran mehrere Familien schwer erkrankten", diente ab der Mitte des 19. Jahrunderts als Armenhaus für die Stadt, zwischendrin als Schlauchtrockenturm für die Feuerwehr, nach dem Zweiten Weltkrieg als Unterkunft zunächst für die Katholische Jugend St. Georg, danach für den Bund Naturschutz Bayern, bevor sich 1994 eine Interessengemeinschaft des historischen Gebäudes erbarmte und zum „Grabenmuseum" umbaute. Seitdem wird darin die Geschichte des Turms und der Stadtbefestigung ebenso dokumentiert wie in Sonderausstellungen alte Freisinger Geschichte lebendig gemacht. Der Turm ist letztes Relikt der früheren Stadtmauer, zu der auch fünf Tore gehörten, die aber allesamt der Abbruchwut im 19. Jahrhundert zum Opfer gefallen sind.

Ein viertes Freisinger Museum stand im Norden. Allerdings musste das im „Schafhof" angesiedelte Museum zur Entwicklung der bayerischen Landwirtschaft seit 1800 mangels Zuspruch seine Pforten schließen. Der Bezirk von Oberbayern sieht die Zukunft des 1819/1820 von Maximilian Schönleutner errichteten Gebäudes, in dem zunächst die private Merinoschafherde des Königs, später auch Ochsen, Jungrinder und Schweine gehalten wurden, eher in einer internationalen Künstler-Begegnungsstätte.

Schon lange geschlossen ist das Kunsthaus Hartl an der Kammergasse. An das derzeit nicht genutzte und auch nicht geöffnete Gebäude erinnert mahnend die davor stehende Figur der „Esther", die, so läßt ein kurzer Blick ahnen, zu Zeiten ihrer Aufstellung und auch danach für einige Aufregung in der Bischofsstadt sorgte.

Das Grabenmuseum im Bürgerturm.

Grabenmuseum in the Bürgerturm (city tower).
Le musée des douves dans la tour communale.
Il Grabenmuseum nel Bürgerturm, la torre civica.

Fragment einer Christusfigur von einem Palmesel, der bei Palmprozessionen mitgeführt wurde. Das Werk, das im Diözesanmuseum zu sehen ist, wird auf um 1475 datiert und Hans Haldner zugeschrieben. Es soll aus dem Kloster St. Veit stammen.

Fragment of a statue of Christ, carried in Palm Sunday processions. The work, which can be seen in the Diözesanmuseum (Museum of the Diocese), is dated from ca. 1475, and ascribed to Hans Haldner. Said to be from the St. Veit Cloister.

Fragment d'une figure du Christ sur sa monture le jour des rameaux et présenté aux processions du dimanche des Rameaux. L'ouvrage, exposé au musée du diocèse, est daté de 1475 et attribué à Hans Haldner. Il proviendrait du cloître St. Veit.

Frammento di una figura di Cristo a dorso d'asino che veniva portata in processione durante la Domenica delle Palme. Esposta al Museo Diocesano, l'opera viene datata attorno al 1475 e attribuita a Hans Haldner. Si suppone provenga dal monastero di St.Veit

Der Lichthof des Diözesanmuseums wird auch für Konzerte genutzt.

The atrium of the Diözesanmuseum is also used for concerts.
La cour intérieure du musée du diocèse sert également de cadre à des concerts.
Il cortile coperto del Diözesanmuseum, viene anche utilizzato per concerti.

Das Heimatmuseum im ersten Stock des Asamgebäudes zeigt die Geschichte des profanen Freising.

The Heimatmuseum (Museum of Local History) on the first floor of the Asamgebäude (Asam Building) shows the secular history Freising.

L'écomusée situé au premier étage du bâtiment Asam retrace l'histoire du Freising profane.

Lo Heimatmuseum, il museo etnografico al 1. piano di palazzo Asam, documenta la storia profana e la vita materiale a Freising.

Der 1819/1820 errichtete „Schafhof" seit dem Jahr 2003 eine internationale Künstler-Begegnungsstätte.

The "Schafhof" built in 1819/1820 a meeting place for international artists since 2003.

Le „Schafhof" érigé en 1819/1820 est devenu depuis 2003 un lieu de rencontre international pour les artistes.

Lo "Schafhof", costruito nel 1819/1820, è stato trasformato nel 2003 in un luogo di incontro per artisti di ogni nazionalità.

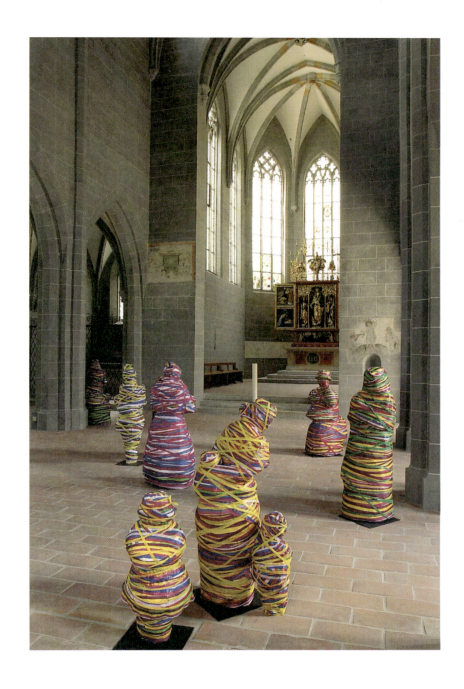

Die Johanniskirche auf dem Domberg dient für das Diözesanmuseum gerne auch als Ausstellungsraum für moderne christliche Kunst.

The Johanniskirche (Church of St. John) on Domberg Hill is used by the Diözesanmuseum as an exhibition space for modern, Christian art.

L'église Johannis sur le Domberg est volontiers utilisée par le musée du diocèse pour y exposer les créations de l'art religieux moderne.

La Johanniskirche sul Domberg viene spesso utilizzata dal Diözesanmuseum per mostre di arte sacra moderna.

Freising, die Stadt mit moderner Kunst

Die Kunstwerke aus Freisings glorreicher fürstbischöflicher Vergangenheit sind dem Freisinger lieb und vor allem teuer, stolz präsentiert er sie dem auswärtigen und deshalb meist staunenden Gast. Nur selten aber verirrt sich der kunstbeflissene Einheimische (geschweige denn der Besucher) in den Westen der Stadt, wo in Vötting rund um und mitten im sich stetig ausdehnenden Hochschul-Campus der zeitgenössischen Muse der bildenden Künste gehuldigt wird. Dabei ist dort, wo die Kunst, das Bier zu brauen, erfunden worden sein soll, in den vergangenen Jahren ein Skulpturenpark entstanden, der in Deutschland seinesgleichen sucht. Abstrakte und abstrahierende Konstruktionen und Objekte wollen in der fast unüberschaubaren Anordnung von Instituten und Fakultäten Wegmarken setzen und Orientierungshilfen geben, Sichtbezüge und optische Verbindungen herstellen. Nicht immer wurde und wird den eigenwilligen Kunstwerken aus Holz, Stein und Stahl jenes Verständnis entgegengebracht, wie es beispielsweise das erst 1988 wieder frisch renovierte und sehenswerte Deckenfresko der Asam-Brüder im Dekanatssaal der Fakultät für Brauwesen hoch oben auf dem Weihenstephaner Berg genießt. Dabei hätte der Skulpturenpark auf dem Hochschulgelände, auf dem sich ebenso bedeutende wie umstrittene Künstler wie Fritz König, Alf Lechner oder Hannsjörg Voth verewigt haben, sowohl bei den Ureinwohnern als auch bei den Gästen mehr Aufmerksamkeit verdient. Denn das aufeinander abgestimmte Ensemble mit den im Volksmund als „Geierstangen" bezeichneten 23 Meter hohen Stahlnadeln an der Thalhauser Straße und dem terrassenförmigen Land-Art-Projekt „Rang" von Albert Weis an der Vöttinger Straße, um nur zwei Beispiele zu nennen, hat Freising endgültig auch in den Rang einer sozusagen „aktuellen" Kunststadt erhoben. Wie schon die Vorfahren im 18. Jahrhundert mit den Deckenfreskos der Gebrüder Asam so ihre Schwierigkeiten hatten, nicht anders ergeht es dem heutigen Freisinger, der freilich schon mit der Aufstellung der „Esther" im wahrsten Sinn des Wortes einen Kulturschock verpasst bekam. Wer sich die vollbrüstige Dame an der Kammergasse anschaut, weiß auf Anhieb, was die meisten Bewohner der altehrwürdigen Domstadt daran so ver- und erschreckte und was wohl auf ewig verhindern wird, dass die „Esther" zum festen Bestandteil der stolz präsentierten Schönheiten Freisings werden wird. Vielleicht ändert sich ja manches, wenn der sogenannte „Schafhof" im Norden eine Begegnungs-, Austausch- und Arbeitsstätte für Künstler aus aller Welt wird. Den Sieg der Sapientia über die menschlichen Laster oder die bildhafte Symbolik mönchischer Tugend wie in den Deckengemälden der Asams darf man da freilich nicht erwarten.

Sorgte für Aufsehen und Empörung: die „Esther" in der Kammergasse.
Caused a sensation and indignation: the "Esther" on Kammergasse.
A provoqué bien des sensations et des indignations : "Esther" dans la Kammergasse.
La "Esther" nella Kammergasse ha suscitato moltissimo scandalo.

Blickbeziehungen sollen die Werke moderner Kunst auf dem weitläufigen Hochschul-Campus herstellen.

Modern works of art are meant to provide points of visual reference on the sprawling university campus.
Les oeuvres d'art moderne sont là pour projeter des perspectives visuelles sur le vaste campus de l'école technique.
Nella grande area del campus, opere d'arte moderna creano dei punti di riferimento visivo.

Land-Art-Projekt „Rang" in den Sitzstufen leuchten in der Nacht blaue Bänder.
Land-Art Project "Rang" blue bands light the steps at night.
Le projet Land-Art "Rang" des bandes bleues s'illuminent la nuit dans les gradins.
Il progetto di Land Art "Rang": luci blu collocate nelle gradinate creano di notte delle fasce luminose.

23 Meter hohe Stahlnadeln an der Thalhauser Straße im Volksmund „Geierstangen".

23 meter-high steel needles on Thalhauser Straße popularly called "Geierstangen".

Des aiguilles de 23 mètres de hauteur dans la rue Thalhauser désignées populairement par les barres des vautours "Geierstangen"..

Gli aghi d'acciaio di 23 m. nella Thalhauser Straße sono detti anche "Geierstangen", i trespoli degli avvoltoi.

„Wachstumsspirale" an der Langen Point.
"Wachstumsspirale" (Growth Spiral) on the Langen Point.
"Wachstumsspirale" la spirale de croissance sur le Langen Point.
"Wachstumspirale" al Langer Point.

Freising, die Stadt an der Isar

Keine Stadt ohne Fluss, kein Fluss ohne Brücken, keine Brücken ohne Brückenheilige. Dieser logischen Konsequenz kann sich auch Freising nicht entziehen. Was aber so logisch klingt, ist, besieht man sich die Sache näher, speziell in der Domstadt gespickt mit Unsicherheiten.

Das Wanken geht schon beim Fluss los. Die Isar, fast schon stereotyp als „rapidus", also „die Reißende" tituliert, ist zum einen spätestens seit Inbetriebnahme des Isarkanals gar keine reißende mehr, zum anderen ist die Frage berechtigt, ob sie jemals die reißende war. „Isara", so deutet man oft den Namen, komme aus dem Keltischen und heiße „die Reißende". Was aber, wenn die Silbe „Is" aus dem Germanischen kommt? Dann bedeutet der Name nämlich „Sumpf" – also so ziemlich das Gegenteil einer mit klarem Bergwasser dahin rauschenden Lebensader.

Reißend oder nicht: Man braucht Brücken über die Isar, damit man trockenen Fußes von der Innenstadt nach Lerchenfeld kommt. Drei solcher Verbindungen gibt es derzeit im Stadtgebiet. Das sind zum einen die alte Korbinianbrücke, die nach Kriegsende 1949 eingeweiht wurde, zum anderen die neue Luitpoldbrücke aus dem Jahr 1975, zum dritten die 1980 erbaute Schlüterbrücke im Südwesten. Dass selbst auf der Schlüterbrücke ein Monument des Heiligen Korbinian steht, ist für Freising ganz verständlich. Ist Korbinian doch der Bistumsstifter und somit gleich zwei Mal auf den steinernen Flussübergängen als Heiliger verewigt. Dabei ist der Korbinian mit seinem Bären auf der neuen Brücke ein Geschenk von Friedrich Kardinal Wetter, das er seinen Schäfchen anlässlich des 1000-jährigen Marktrechts der Stadt 1996 gespendet hat. Kein einsames Brückendasein muss der andere Korbinian, der auf der alten und auch nach ihm benannten Brücke, fristen. Neben ihm stehen der Heilige Lantbert und der Brückenheilige par excellence: Nepomuk. Der allerdings scheint leicht aus der Facon geraten zu sein, denn alle anderen Nepomuks dieser Welt schauen flussaufwärts – nur der Freisinger Nepomuk blickt seit seiner Wiederaufstellung 1986 der Isar hinterher. Es musste erst das 21. Jahrhundert anbrechen, dass man damit anfing, Spenden für eine vierte, und zwar weibliche Figur auf der Korbiniansbrücke zu sammeln. Die Selige Karolina Gerhardinger, auch in Freising tätige Gründerin des Ordens der Armen Schulschwestern, leistet dem Mannes-Trio Gesellschaft. Fortsetzung folgt.

Übrigens sollen die Chancen nicht schlecht stehen, dass sich noch eine vierte Brücke für den motorisierten Verkehr und eine fünfte Brücke für Radfahrer und Fußgänger über die Isar spannt. Denn auch wenn Freising in Sachen Landesgartenschau 2010 leer ausging, die Stadtväter und –mütter haben gelobt, Altstadt und Lerchenfeld mittels Brücken besser zu verbinden. Ob es dann auch wieder kleine Balkone gibt, in denen man Brückenheilige aufstellen kann, steht noch in den Sternen.

Die Isar bei Freising im Winter.

River Isar near Freising in winter.
L'Isar en hiver à Freising-
Il fiume Isar d'inverno vicino a Freising.

Der Heilige Korbinian mit dem Bären.

St. Korbinian with the bears.
Saint Korbinian et les ours.
San Korbinian, con l'orso.

Der Heilige Nepomuk.

St. Nepomuk.
Saint Nepomuk.
San Nepomuk.

Der Heilige Lantpert.

St. Lantpert.
Saint Lantpert.
San Lantpert.

Die Selige Karolina Gerhardinger.

Blessed Karolina Gerhardinger.
Karolina Gerhardinger béatifiée.
Beata Karolina Gerhardinger.

Die Kiesbänke der Isar sind im Sommer Ziel der Sonnenbadenden.
The gravel banks of the Isar are a summertime destination for sunbathers.
En été l'Isar avec ses bancs de galets invitent les amateurs à prendre des bains de soleil.
In estate i banchi di ghiaia lungo l'Isar sono la meta preferita di chi vuole godersi il sole.

Freising, die Stadt mit dem Lerchenfeld

Selbst die Isar, ob nun reißend oder nicht, konnte auf Dauer nicht verhindern, dass sich Freising vom Domberg und der Altstadt aus auf das andere Ufer ausbreitete. 1000 Jahre lang vor allem als Viehwiese genutzt, ab dem Ende des 18. Jahrhunderts von einer intensiven Mooskultivierung und später vom Torfstechen geprägt, außerdem ein von allerlei Belagerern gern besuchtes Schlachtfeld ist Lerchenfeld heute Freisings größter Stadtteil. Seit im Jahre 1860 das erste Wohnhaus mit Stall auf der von den Städtern aus gesehen gegenüberliegenden Seite der Isar errichtet wurde, ist Lerchenfeld einem ständigen, manchmal schnelleren, manchmal langsameren Wachstum unterworfen. Dabei gibt es Lerchenfeld eigentlich gar nicht: Kein königliches Edikt, kein Schreiben einer Regierung, keine hochoffizielle Taufe durch die Stadt – der Name Lerchenfeld hat sich eingebürgert, amtlich ist er aber nirgends. Denen auf dem Lerchenfeld, kurz: Lerchenfeldern, wird's egal sein. Denn das von den Altstädtern, die schon früher meinten, etwas Besseres zu sein, geringschätzig auch als „Spatzenfeld" bezeichnete Gebiet (weil da vor allem „die kleinen Leute" wohnten) hat seine ganz eigenen Geschichtchen, aber auch Problemchen – da ist der Name noch das geringste. Schon immer beispielsweise war Lerchenfeld ein Ort der Vergnügung. Bereits fünf Jahre nach dem ersten Wohnhaus gab es in Lerchenfeld gleich zwei Wirtschaften: den „Grünen Hof" und das Wirtshaus „Zur Lüften", den heutigen „Lerchenfelder Hof". Wie vergnüglich es im 19. Jahrhundert zuging, mag die Tatsache erahnen lassen, dass ein Schutzmann während einer Woche bei vier Kontrollgängen durch die Wirtschaften 25 Verhaftungen vornehmen und 17 Anzeigen erstatten durfte. Und auch das Volksfest ist seit Urzeiten hier zu Hause, vergessen ist inzwischen aber das jährliche Spektakulum des Pferderennens. Lerchenfeld war auch schon immer ein gutes Pflaster für das Vereinsleben. Freilich, den „Bruderbund Tramhapige" und den Verein „Immer durstig" gibt's nicht mehr. Seit 1902 ist Lerchenfeld auch stolzer Besitzer des Freisinger Freibades (auch wenn manche Stimmen inzwischen laut nach einem tollen Erlebnisbad rufen). Überhaupt: das Wasser. Kein Stadtteil ist so von der Isar und den alle paar Jahre und Jahrzehnte auftretenden Hochwasser-Katastrophen bestimmt, wie die ehemalige Mooslandschaft. 1899 fielen während des Volksfestes solche Regenmassen, dass die Dämme brachen und einige Menschen ihr Leben ließen. Nach dem letzten Jahrhunderthochwasser zu Pfingsten 1999 wurden die Deiche allerdings neu angelegt. Weil Lerchenfeld besonders seit dem Zweiten Weltkrieg ein geradezu explodierendes Bevölkerungswachstum zu verzeichnen hat, kommt man mit Neubauten fast gar nicht mehr nach. Nicht nur Wohnsiedlungen schießen wie Pilze aus dem Boden, innerhalb von 50 Jahren bekamen die Lerchenfelder am sogenannten „Stachus" sogar zwei neue St. Lantpert-Kirchen (die erste 1937, die jetzige mit ihrem „Campanile" 1984), und bald wird man der 1952 als modernstes Schulhaus Bayerns gepriesenen Grund- und Hauptschule einen Neubau zur Seite stellen. Und auch das Gewerbegebiet „Clemensänger", benannt nach dem Fürstbischof Clemens Wenzeslaus, wird sich irgendwann einmal füllen: Zumindest McDonalds ist schon da.

Das städtische Freibad in Lerchenfeld.

Public swimming pool in Lerchenfeld.
La piscine municipale à ciel ouvert à Lerchenfeld.
Piscina all'aperto a Lerchenfeld.

Traditionsgaststätte in Lerchenfeld: der „Grüne Hof".

Traditional restaurant in Lerchenfeld: the "Grüne Hof".
Auberge de tradition à Lerchenfeld: "Grüne Hof" (la Cour verte).
Il "Grüner Hof", locale tipico di Lerchenfeld.

Direkt am Lerchenfelder „Stachus" steht seit 1984 die Pfarrkirche St. Lantpert mit ihrem „Campanile".

Directly on Lerchenfeld's "Stachus" square since 1984, the St. Lantpert Parish Church with its "Campanile".

Directement au "Stachus" de Lerchenfeld depuis 1984 se dresse l'église paroissiale St. Lantpert avec son "Campanile".

La chiesa parrocchiale di St. Lantpert con il suo "campanile" è stata eretta nel 1984 proprio sulla piazza principale di Lerchenfeld.

Freising, die Industriestadt

Domberg und Weihenstephan, Brauereien und Bier – es gibt vieles, was den Namen Freising hinaus in die große, weite Welt tragen soll. Aber auch in der noch größeren und noch weiteren, weil globalisierten High-Tech- und Industriewelt ist der Name der altehrwürdigen Bischofsstadt ein Begriff. Schuld daran sind vor allem drei weltweit operierende Unternehmen, von denen zwei noch immer, und das tapferer als je zuvor, das erdumspannende Fähnchen der Produktionskraft aus Freisinger Landen schwenken. Verzichten muss die Welt inzwischen lediglich auf die Traktorenfabrik Schlüter, die nach einer jahrzehntelangen erfolgreichen Historie 1993 ihre Pforten schließen musste. Die alten Produktionshallen, die die von München über die Bundesstraße 11 kommenden Besucher Freisings begrüßen und um die herum bald der Isarauenpark aus dem Boden gestampft sein wird, künden noch melancholisch von diesem Kapitel Freisinger Industriegeschichte. Fortgeschrieben wird das Kapitel nunmehr von der Maschinenfabrik Anton Steinecker, inzwischen Mitglied der großen Krones-Familie, und von Texas Instruments, weltweit agierender Software-Gigant und größter Arbeitgeber im Stadtgebiet.

Damit nicht nur Freisings Brauereien aus Hopfen und Malz das begehrte bayerische Nationalgetränk in einwandfreier Qualität und mit modernster Technik herstellen können, dafür sorgt seit 1875 die Steinecker-Fabrik, die ihr Domizil inzwischen in den Ortsteil Attaching verlagert hat. Was mit einer Eisengießerei begann, hat sich zu einem Konzern entwickelt, der weltweit ganze Brauereien nach modernsten Ansprüchen der Technik errichtet. Auf dem weiten – und teilweise beschwerlichen - Weg durch die Jahrzehnte markieren nicht nur Attraktionen wie der 1959 in der Aluminium-Schmiede hergestellte größte, 500 Hektoliter fassende Maßkrug der Welt, sondern vor allem über 380 Patente die Innovationsfähigkeit der Marke Steinecker Freising.

Innovation ist es auch, was Texas Instruments, kurz: TI, seit 1961 in Freising praktiziert. Aus einer kleinen Vorhut in einem ebenso kleinen Büro, dem Work Start 1966 und dem Bau des ersten Taschenrechners ein Jahr später ist im Südosten der Domstadt eine mit Milliarden-Investitionen stets wachsende High-Tech-Kathedrale der Halbleiter-Produktion geworden, ohne die beispielsweise Millionen von Handys keinen Mucks von sich geben würden. Auch hier also: Made in the Heart of Old Bavaria, wie die Texaner sagen würden.

Wo früher die Herren des Dombergs auf Lateinisch ihren Segen für das Land sprachen, spricht man heute Englisch – und der Segen für die Stadtkasse ist auch gleich dabei.

Wafer-Fabrikation im Reinstraum von „Texas Instruments".

Wafer production in the clean room at "Texas Instruments" (TI).
Fabrique de wafer (tranche de silicium) dans une salle blanche de "Texas Instruments".
Fabbricazione di wafer nella sala sterile della "Texas Instruments".

Blick über das Firmengelände von TI. Im Hintergrund der Domberg.

View of TI's company grounds. In the background, Domberg Hill.
Aperçu du site de l'entreprise TI. Le Domberg en arrière plan.
Vista dell'area industriale della "Texas Instruments". Sullo sfondo il Domberg.

Tradition und Fortschritt - Turm von St. Georg und der Flughafen.

Tradition und Progress - Turm von St. Georg (Tower of St. George) and the airport.
Tradition et progrès - Tour de St. Georg et l'aéroport.
Tradizione e progresso - il campanile di St. Georg e l'aeroporto.

1993 musste die Traktorenfabrik Schlüter ihre Pforten schließen. Heute sind die Hallen ein Industriedenkmal.

The Traktorenfabrik Schlüter (Schlüter Tractor Factory) had to close its gates in 1993. Today, the halls are a monument to industry.

En 1993 la fabrique de tracteurs Schlüter a du fermer ses portes. Les ateliers de fabrication sont restés des ouvrages en souvenir de l'industrie

La fabbrica di trattori Schlüter ha chiuso nel 1993. I capannoni sono ora un monumento industriale.

Die friedliche Ruhe täuscht: Der Franz-Josef-Strauß-Flughafen vor den Toren Freisings wird mehr und mehr zum internationalen Großflughafen ausgebaut.

The peaceful calm is deceptive. The Franz-Josef-Strauß-Flughafen (Franz Josef Strauß Airport) at the gates of Freising is greatly expanding, becoming a major international airport.

L'ambiance paisible est trompeuse : L'aéroport Franz-Josef-Strauß situé aux portes de Freising s'impose de plus en plus à l'échelle internationale.

La tranquillità e la pace sono solo un'apparenza. Grazie agli ulteriori ampliamenti, l'aeroporto Franz-Joseph-Strauß alle porte di Freising si sta trasformando in un grande scalo internazionale

Die Maschinenfabrik Anton Steinecker, Teil der Krones-Gruppe, exportiert Brauerei-Anlagen in die ganze Welt.

Maschinenfabrik Anton Steinecker (Anton Steinecker Engineering Works), a part of the Krones Group, which exports brewery works throughout the world.

La fabrique de machines Anton Steinecker, partie du groupe Krones, exporte des installations de brasserie dans le monde entier.

La fabbrica meccanica Anton Steinecker, parte del Gruppo Krones, esporta in tutto il mondo impianti per la produzione della birra.

Freising, die Garnisonsstadt

„Wenn du Frieden willst, bereite den Krieg vor", heißt es schon in einem lateinischen Sprichwort. Diesem Wahlspruch konnte und wollte sich auch die geistliche Stadt Freising nicht entziehen. Begonnen hat die eigentliche Tradition Freisings als Garnisonsstadt nach der Säkularisation 1802/03. Aber mehr oder weniger wehrhaft zeigte sich der Bischofssitz an der Isar schon 1000 Jahre früher.

Als Korbinian während seiner Reise auf den Domberg gelangte, soll dort laut Arbeo, dem Verfasser der „Vita Corbiniani", schon ein „castrum" (Lager) gewesen sein, und auch die Fürstbischöfe haben ein stehendes Heer unterhalten. Ob freilich ein Trupp von 16 Mann, wie für das Jahr 1520 belegt, im Ernstfall zur Verteidigung ausgereicht hätte, darf bezweifelt werden. So richtig militärisch wurde es in Freising erst nach der Säkularisation. Kurbayerische Truppen rücken in die Domstadt ein, führen die „Civilbesitznahme" Freisings durch und funktionieren das Prämonstratenserkloster Neustift zur Kaserne um. Dem Chevauleger-Regiment „Graf Fugger" folgen Husaren, Ulanen und Kürassiere. Erst als unter Prinzregent Luitpold in den Jahren 1904 bis 1906 die neobarocke „Prinz-Arnulf-Kaserne" im Norden der Stadt errichtet wird, hat das ehemalige Kloster Neustift als Militärunterkunft ausgedient. 1906 zieht das 1. Jägerbataillon der bayerischen Armee in die damals moderne Kaserne ein. Allein, die Freude hält aufgrund des Ausgangs des ersten Weltkriegs nicht lange an. Zum 1. Januar 1921 wird die Garnison aufgehoben, und wo schon seit 1919 Behelfswohnungen der Stadt Freising eingerichtet wurden, ziehen in den Folgejahren beispielsweise die Landessaatzuchtanstalt und die Berufsschule ein und wird die Kaserne für 67 Mietwohnungen und 28 städtische Notwohnungen für ärmere Familien genutzt. Hitlers Machtübernahme bringt den 1938 in Vimy-Kaserne umbenannten Komplex zu neuen, wenn auch zweifelhaften militärischen Ehren. Die Nazis vergrößern nicht nur diese Kaserne stark, sie errichten auch auf dem Lankesberg die General-von-Stein-Kaserne und die sogenannte „E-Kaserne" an der Haindlfinger Straße – „E" wie „Ersatz". Aber auch diese Ära ist (glücklicherweise) nicht von langer Dauer, 1945 übernehmen die US-Streitkräfte alle drei Kasernen, die bis 1963 sukzessive an die Bundeswehr zurückgegeben werden. Nachdem die Fernmeldeabteilung II/31, die in der „Vimy" untergebracht war, Mitte der 90-er Jahre ausgedient hat, wird das Gelände wieder zivilen Zwecken zugeführt. Wie schon 1919 ruft Wohnungsnot Investoren auf den Plan, der Prinzregenten- und der Vimy-Park enstanden. Wer sich das seinen monarchischen Charme bewahrende Ensemble im Freisinger Norden ansieht, wird freilich bemerken, dass ärmere Familien wie noch 1919 dieses Mal nicht zum Zug gekommen sind. Und auch auf dem Gelände der ehemalige „E-Kaserne" ist durch rege Bautätigkeit die Raumnot in der Boom-Town Freising gelindert worden. Lediglich die General-von-Stein-Kaserne blieb den Uniformträgern erhalten. Nach der Bundeswehrreform ist aber auch hier zum Leidwesen vieler Freisinger Schluss. Es war das letzte Kapitel in der Geschichte Freisings als Garnisonsstadt.

Die zwischen 1904 und 1906 errichtete Prinz-Arnulf-Kaserne im Norden Freisings. Heute werden die neobarocken Gebäude vor allem zu Wohnzwecken genutzt.

The neo-baroque Prinz-Arnulf-Kaserne (Prince Arnulf Barracks) in the north of Freising, built between 1904 and 1906, is used mainly as residences today.

La Caserne Prinz-Arnulf construite entre 1904 et 1906 au nord de Freising. Actuellement les batiments néo baroques sont surtout destinés à l'habitation.

A nord di Freising si trova la caserma Prinz Arnulf, costruita tra il 1904 e il 1906. Attualmente gli edifici neobarocchi sono utilizzati principalmente come abitazioni.

Die General-von-Stein-Kaserne auf dem Lankesberg.

General-von-Stein-Kaserne (General von Stein Barracks) on Lankesberg Hill.
La Caserne General-von-Stein située sur la colline Lankesberg.
La caserma General Von Stein sul Lankesberg.